예수의 어머니
**마리아**

Scénario: Benoit Marchon
avec la collaboration de François Mourvillier
Dessin et couleur: Jean-François Kieffer
*MARIE, MÈRE DE JÉSUS*
Copyright © 1998 by Bayard Éditions - Astrapi, Paris
All rights reserved

Translated by Hyeonju Kim
Korean translation copyright © 2002 by Benedict Press, Waegwan, Korea
Published by arrangement with Bayard Éditions Jeunesse SA, Paris

예수의 어머니
마리아
2002 초판
옮긴이 · 김현주 | 펴낸이 · 이형우
ⓒ 분도출판사
등록 · 1962년 5월 7일 라15호
718-806 경북 칠곡군 왜관읍 왜관리 134의 1
왜관 본사 · 전화 054-970-2400 · 팩스 054-971-0179
서울 지사 · 전화 02-2266-3605 · 팩스 02-2271-3605
www.bundobook.co.kr
ISBN 89-419-0222-3 07230
ISBN 89-419-0252-5 (세트)
값 7,000원

이 책의 한국어판 저작권은
Bayard Éditions Jeunesse SA와의 독점 계약으로 분도출판사에 있습니다.
저작권법에 의해 한국 내에서 보호를 받는 저작물이므로 무단 전재와 무단 복제를 금합니다.

하느님의 사람들 ❷

# 예수의 어머니
# 마리아

글 · 브누와 마르숑
그림 · 장 프랑수아 키페
김현주 옮김

분도출판사

# 예수의 어머니
# 마리아

### 마리아는

이천 년 전 팔레스티나에 살았다.
그 무렵 지중해 연안의 이 작은 나라는 로마의 지배를 받고 있었다.
마리아는 하느님을 믿는 가난한 소녀였다.

### 메시아의 어머니

많은 유대인들이 그랬듯이 마리아도 하느님께서 보내실 메시아를 기다렸다.
그 메시아가 조국을 로마에서 해방시킬 분이라 믿었다.
어느 날, 마리아에게 하느님의 천사가 나타나 메시아의 어머니가 될 것이라 일러 주었다.
마리아는 이 엄청난 소식을 굳게 믿었다.

### 드러나지 않는 사랑

마리아는 이 놀라운 복음을 가슴 깊이 간직했다.
마리아는 예수님을 사랑했고
사명을 다하시도록 드러나지 않게 뒷바라지해 드렸다.

### 예수님 곁에 살아 있음

예수께서 부활하신 후 마리아는 예수님의 뒤를 이어
만인에게 사랑의 복음을 전하는 사도들의 무리와 함께 지냈다.
오늘날 전 세계 가톨릭교인들은 마리아가 예수님 곁에 살아 있음을 믿는다.
그리고 자신들이 하느님을 신뢰할 수 있도록 도와달라고
마리아에게 기쁠 때나 힘들 때나 기도한다.

**"저는 주님의 종이옵니다."**

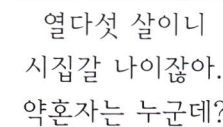

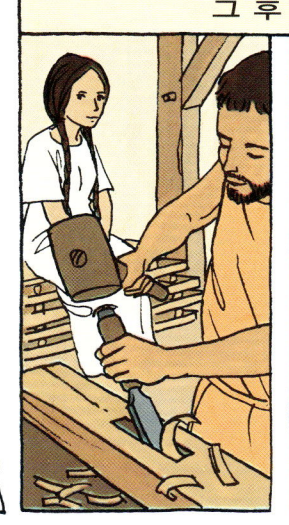

[1] 성서에는 하느님이 인간의 역사에 함께하신다는 것을 보여 주는 놀라운 탄생 이야기가 많이 나온다.
[2] 성서에서 천사는 하느님의 메시지를 전하는 신비스런 존재다.

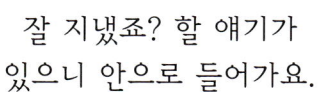

1 별자리 모양과 별의 운행으로 인간의 운명과 길흉화복을 점치는 사람들.
2 당시 사람들은 중요한 인물이 태어날 때는 하늘에 새 별 하나가 나타난다고 생각했다.

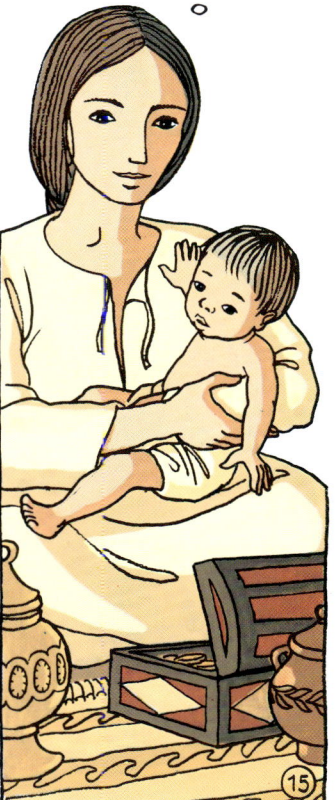

[1] 유대인들이 모여 기도하는 곳.

[1] 유대인들의 큰 명절로 이집트 종살이에서 조상들을 해방시키신 하느님을 기리는 날. 예수님 당시, 해방절은 7일간 계속되었다.

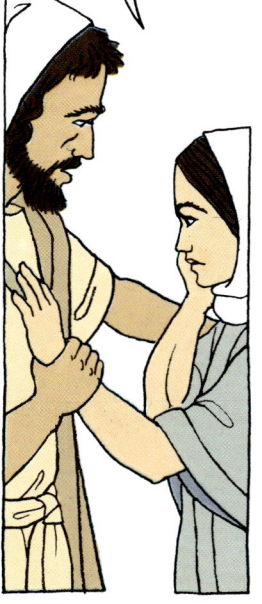

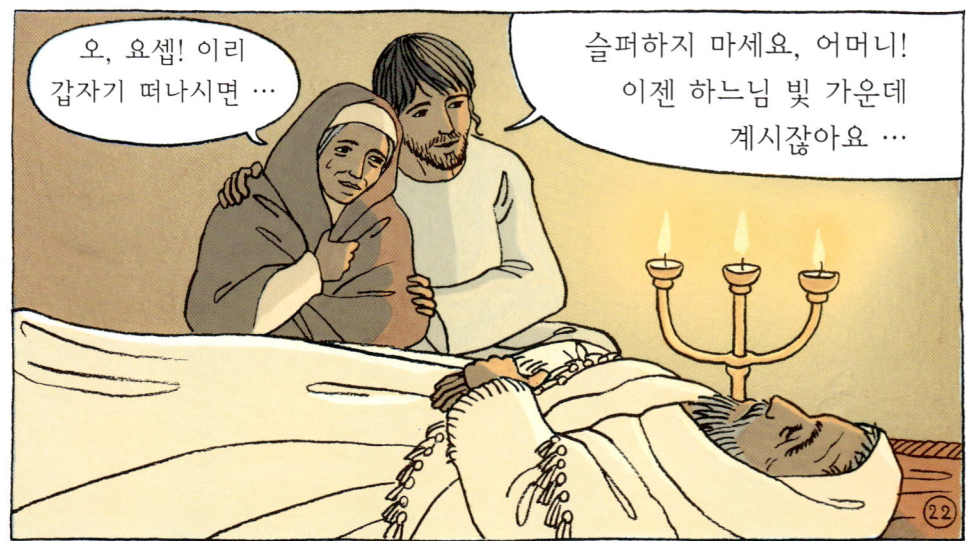

성령 강림 이후부터의 행적은 성서에 기록되어 있지 않다. 초기 그리스도인들이 전하기를, 마리아는 그 후 팔레스티나를 떠나 에페소에서 살았다 한다. 마리아가 언제 세상을 떠났는지는 알 수 없다. 하지만 그리스도인들은 하느님께서 마리아의 육신이 없어지는 것을 바라지 않으셔서 예수님처럼 마리아를 하느님께로 데려가셨다고 믿는다. 사람들은 이 사건을 '성모 승천'이라 부르며 해마다 8월 15일에 기념한다.

마리아,
당신 이름으로
'사랑한다'라는 말이 엮어지는 건
우연인지요?[1]

마리아,
당신은 그 놀라운 탄생을
받아들일 만큼
하느님을 사랑하셨어요.

마리아,
당신은 죽음의 길까지
따라갈 만큼
예수를 사랑했어요.

마리아,
뭇 어머니들이 자식을 사랑하듯
당신은 말없이 그리고 몸으로
사랑하셨어요.

그러나 그 무엇보다도
당신은 우리가 하느님 아버지를
사랑하도록 해 주시는 분의 어머니셨어요.

— 브누와 마르송

---

[1] 불어 '마리아' MARIE의 철자를 재배열하면 '사랑하다' AIMER가 된다 — 역자 주.

마리아의 생애에 대한 성서 기록은 그리 많지 않다.
마리아는 주로 루가와 마태오 복음서에 등장하는데,
관련 성서 대목은 다음과 같다.

- 마리아와 천사 가브리엘(예수님 탄생 예고)     루가 1,26-38
- 마리아가 엘리사벳을 방문함     루가 1,39-56
- 마리아와 요셉의 결혼     마태 1,18-25
- 예수님 탄생     루가 2,1-7
- 목동들의 방문     루가 2,8-20
- 정결례, 시므온과 안나의 증언     루가 2,21-35
- 동방 점성가들의 예방     마태 2,1-12
- 이집트 피신과 베들레헴 아이들의 피흘림     마태 2,13-18
- 나자렛으로 돌아옴     마태 2,19-23
- 예수님이 예루살렘에서 보내신 첫 해방절     루가 2,41-52
- 가나의 혼인 잔치     요한 2,1-12
- 나자렛 회당에서 배척당하시는 예수님     루가 4,16-30
- 예수님의 참가족     마태 12,46-50
- 예수님의 죽음을 지켜보는 마리아     요한 19,25-27
- 예수님의 부활     마태 28,1-8
- 성령 강림     사도 2,1-4